A SPECIAL REQUEST PLEASE

A simple review on Amazon really helps us out! If you could take some time to leave one, you are awesome!

© Copyright 2019 - All rights reserved.

The content contained within this book may not be reproduced, duplicated or transmitted without direct written permission from the author or the publisher. Under no circumstances will any blame or legal responsibility be held against the publisher, or author, for any damages, reparation, or monetary loss due to the information contained within this book. Either directly or indirectly. You are responsible for your own choices, actions, and results.

Legal Notice: This book is copyright protected. This book is only for personal use. You cannot amend, distribute, sell, use, quote or paraphrase any part, or the content within this book, without the consent of the author or publisher.

Disclaimer Notice: Please note the information contained within this document is for educational and entertainment purposes only. All effort has been executed to present accurate, up to date, and reliable, complete information. No warranties of any kind are declared or implied. Readers acknowledge that the author is not engaging in the rendering of legal, financial, medical or professional advice. The content within this book has been derived from various sources. Please consult a licensed professional before attempting any techniques outlined in this book.

By reading this document, the reader agrees that under no circumstances is the author responsible for any losses, direct or indirect, which are incurred as a result of the use of the information contained within this document, including, but not limited to, — errors, omissions, or inaccuracies.

One

O	R	R	I	R	L	A	F	N
X	K	V	C	M	E	I	V	W
O	W	M	F	B	V	J	Y	D
D	I	G	I	E	D	Z	E	E
K	N	G	O	N	G	C	G	L
S	D	S	P	A	I	M	E	R
B	O	D	Z	R	L	P	O	W
E	W	G	S	F	D	M	H	N
Y	C	X	T	H	R	E	E	E

WINDOW   THREE

GOAL   FIVE

RICE   BIG

Two

```
F L O W E R D D V
Q G U A R Z W F G
D Y Y R F R T G U
R T D W L I D A E
M V W L B C T X A
F Q T E I T G D A
G N L P Z W J L L
U U R V P O E O O
R S C H O O L H O
```

SCHOOL   FLOWER
WILD   RULE
HOLD   BIT

Three

H	D	H	O	U	R	J	F	L
E	E	R	Y	G	K	B	U	Y
S	E	D	S	E	B	A	Q	B
P	R	U	T	S	I	T	R	A
L	S	Q	V	E	S	W	H	C
A	I	B	O	T	H	R	C	R
N	R	X	L	T	U	P	A	S
E	R	I	S	B	P	A	E	K
R	H	B	T	S	K	M	J	T

ARTIST　　　　PLANE

BOTH　　　　DEER

HOUR　　　　EACH

Four

L	I	T	T	L	E	K	E	J
W	D	E	Q	R	W	Y	Q	H
F	W	A	U	Y	W	O	N	R
T	I	S	N	G	T	U	W	M
K	G	T	V	M	B	C	P	Y
C	G	E	E	M	O	C	E	B
U	L	C	R	B	H	L	R	W
R	E	U	W	M	Y	I	W	B
T	N	L	H	J	O	M	K	D

LITTLE   WIGGLE

BECOME   TRUCK

EAST   NOW

Five

```
C P C E I O G B A
R P H L D Q N S J
Y J H O L M Q M V
H H C T N V F E Q
T T D Q I E C V R
L F Q R S W R C Y
I D D K A C E T D
F S M I P C L E O
U T Y T O H S M B
```

FILTHY   PHONE
CARD   BODY
SHOT   WITH

Six

```
L  N  E  A  R  L  Y  R  L
H  H  C  E  W  G  E  N  L
D  H  T  A  P  A  P  J  F
H  E  A  R  D  D  U  J  Y
J  V  E  Y  P  I  I  D  E
C  R  Y  E  C  T  W  L  R
W  W  G  E  S  G  U  Y  S
L  V  U  U  N  Q  G  T  E
J  I  M  B  T  F  K  O  O
```

NEARLY   READY

HEARD   JUICE

MUST   CRY

Seven

W	N	O	G	A	V	I	M	P
P	D	G	E	V	L	L	I	Y
J	K	U	N	H	T	U	O	M
K	N	E	T	U	U	M	T	I
W	C	S	L	T	O	W	E	N
C	D	S	E	O	F	S	E	Q
F	B	R	N	H	A	O	N	G
W	Q	Y	R	A	F	B	S	W
H	F	O	I	R	L	U	O	F

GENTLE MOUTH
GUESS TEEN
MOON SOFT

Eight

U	M	R	E	B	M	U	N	O
W	P	E	O	J	P	E	I	A
T	F	R	H	G	A	L	F	L
C	R	Y	W	O	H	C	G	L
H	E	I	O	N	H	J	H	A
I	E	L	L	L	O	M	M	H
L	B	P	T	O	D	J	E	S
D	E	R	V	B	W	V	F	P
L	S	M	M	Y	I	A	I	S

NUMBER   CHILD

SHALL   FREE

FLAG   OLD

Nine

E	V	V	B	E	P	I	A	T
Y	O	D	G	E	I	H	M	B
C	Q	D	N	W	G	B	V	D
M	S	L	R	E	L	I	O	A
O	B	O	H	P	G	E	N	E
N	G	C	Q	C	K	B	C	H
T	C	F	S	H	Q	G	G	W
H	O	K	F	E	E	L	C	F
R	U	B	J	Q	U	I	T	I

BEGIN   MONTH

FEEL   HEAD

COLD   QUIT

Ten

P	E	B	F	R	U	I	T	D
Q	R	G	I	B	U	J	T	B
Q	L	D	G	P	L	E	Q	C
A	A	U	V	V	S	L	P	T
W	S	V	N	U	M	N	A	K
H	B	O	B	C	E	O	B	T
H	E	R	H	U	H	W	X	D
G	D	B	M	B	M	U	N	Q
B	E	T	T	E	R	L	H	F

BETTER   LUNCH

FRUIT   TALL

BUS   HUH

Eleven

U	M	E	R	E	T	A	W	T
J	G	B	W	T	N	F	P	H
F	M	U	T	Y	I	U	R	S
N	F	O	E	J	C	B	E	V
A	A	P	U	O	E	N	T	D
T	F	U	P	B	O	V	U	O
G	W	A	S	Y	Q	V	R	E
L	W	I	N	T	E	R	N	C
O	I	J	C	T	W	I	A	H

WINTER   RETURN

WATER   NICE

WAS   JOB

Twelve

```
B Y B U Y I Q K L
G S M A L L Y L E
J L E U T S Y J C
K R S P S D D C W
R S R W O S T B O
L I O A A C L B D
K N H W P F T T S
E K I U Y P F V O
B E F O R E K B B
```

BEFORE   SOAPY
SMALL   HORSE
SINK   BUY

Thirteen

```
Y F T Y E L I H W
B O L T B I B E N
L N M Q M F H F R
W J U T E S G O R
O P R A T D U H O
G A I I O H O G T
P W V J R R N K Q
Q G R O W F E N E
K N G N I V O L B
```

LOVING ENOUGH

WROTE WHILE

BOLT PART

Fourteen

A	Y	A	I	L	M	F	A	J
S	A	W	T	H	W	H	D	I
C	F	F	D	Q	H	V	J	L
M	R	L	M	L	I	E	O	I
U	A	T	S	O	L	H	T	V
U	I	F	U	U	E	B	T	I
M	D	T	A	L	F	H	E	N
A	O	L	I	W	J	A	L	G
F	A	S	W	E	N	D	E	F

AFRAID   LIVING

WHILE   NEWS

FLAT   LOST

Fifteen

Y	A	Q	G	Y	P	M	U	B
F	M	J	R	V	R	S	Q	B
D	J	G	F	L	I	M	O	E
D	A	L	H	D	L	I	E	V
W	E	J	S	N	D	E	O	O
W	V	S	U	W	M	N	T	B
I	W	I	P	K	P	N	A	A
H	J	N	I	A	F	D	I	I
G	W	E	T	A	P	L	C	V

BUMPY　　　　ABOVE

PUSH　　　　TELL

AND　　　　ATE

Sixteen

```
G  L  H  A  Q  L  A  I  C
A  V  W  I  I  I  G  M  H
L  E  G  F  E  J  V  I  A
S  C  E  A  R  E  Y  C  I
O  A  V  S  R  V  R  K  R
L  R  D  L  E  W  N  V  I
F  R  L  L  Y  H  R  B  W
I  C  D  R  I  V  E  I  K
S  S  H  O  R  E  V  H  T
```

DRIVE   CHAIR
SHORE   RACE
ALSO   LIFE

Seventeen

D	J	B	G	L	P	C	Y	D
G	T	A	F	L	E	E	H	W
R	X	Q	A	E	K	O	W	I
I	E	S	T	T	A	K	E	W
N	H	H	H	E	G	D	O	U
N	F	P	E	T	A	R	M	H
M	A	P	R	R	D	Q	G	S
V	K	C	G	I	T	K	Y	G
T	M	A	Q	H	W	D	J	P

FATHER   GRADE

WHEEL   WORD

TAKE   WOKE

Eighteen

```
H  D  O  L  L  A  R  F  L
Y  H  A  G  P  J  T  L  M
U  Z  S  T  L  W  M  B  U
I  Z  Y  R  E  H  T  I  E
A  U  A  D  A  V  S  D  G
S  B  W  H  S  S  R  T  N
U  A  L  H  E  J  W  P  U
F  U  A  W  S  H  I  P  M
K  R  N  M  A  Y  T  Q  Y
```

EITHER   DOLLAR

PLEASE   ALWAYS

SHIP   BUZZ

Nineteen

A	B	I	A	G	O	L	T	M
L	I	N	E	W	R	O	B	W
L	I	K	D	D	T	B	P	Y
I	R	R	H	I	S	G	U	L
H	N	J	B	N	R	F	D	V
D	Q	A	E	N	U	B	J	D
K	C	K	L	E	B	J	A	U
R	P	G	T	R	W	G	G	D
P	B	I	L	L	G	K	P	O

DINNER　　　　　BURST

BELT　　　　　　LINE

BILL　　　　　　ROB

Twenty

Q	S	C	M	A	K	E	P	V
A	N	D	O	O	U	M	U	C
J	I	M	L	O	S	A	I	Y
Q	T	V	Q	K	N	T	W	J
B	Y	D	F	S	Y	P	V	L
S	A	P	G	K	A	Q	E	K
E	E	E	Y	J	T	G	J	A
C	B	T	I	N	Y	G	V	P
Y	A	S	T	E	K	R	A	M

MARKET   CITY

MAKE   STEP

GAS   LEG

Twenty One

G	P	R	G	C	D	K	G	B
H	O	O	I	T	S	R	L	D
S	L	L	Y	D	J	I	F	M
L	I	B	W	V	N	M	Y	T
L	T	L	S	K	V	W	L	T
I	E	W	O	R	L	D	L	F
T	Y	U	N	T	I	L	I	P
N	F	E	M	E	T	D	H	W
U	J	K	O	S	L	W	C	E

POLITE   CHILLY

WORLD   UNTIL

UNTIL   BLINK

Twenty Two

T	I	C	O	W	G	M	W	F
V	H	S	Q	V	W	F	G	O
I	M	L	I	V	E	A	J	R
F	E	K	I	T	T	E	N	M
R	A	J	L	M	O	B	J	H
T	F	L	G	I	T	M	K	C
N	I	V	T	W	M	S	J	U
B	Q	T	V	N	S	T	E	T
P	H	Y	T	A	L	K	I	R

KITTEN   BILL

LIVE   REST

TALK   FOR

Twenty Three

C	E	J	G	H	C	U	S	O
I	O	G	D	K	A	E	R	B
M	H	R	W	Q	K	N	L	I
U	C	J	N	E	U	P	J	H
O	T	T	J	E	G	C	C	Y
K	A	N	R	Q	R	A	M	K
H	B	N	B	Q	O	R	P	V
H	A	E	Y	E	E	O	K	V
A	A	P	M	P	F	M	E	I

CORNER   BREAK

BATCH   PAGE

SUCH   EYE

Twenty Four

K	V	O	S	M	A	E	T	U
A	V	W	I	J	R	B	S	M
K	D	R	I	N	K	T	C	Y
C	Y	B	W	W	I	A	T	V
E	B	N	R	C	N	S	H	W
H	A	P	K	D	D	X	E	W
C	M	B	Y	M	Y	K	R	R
V	D	E	D	Y	C	N	E	V
V	G	N	H	D	V	S	B	Q

STICK   CANDY

DRINK   CHECK

THERE   TEAMS

Twenty Five

S	E	X	C	E	P	T	H	O
E	M	W	E	H	A	P	E	J
W	A	P	L	G	G	E	A	D
G	T	S	D	H	E	N	D	R
K	I	B	O	E	L	C	N	U
Q	M	G	A	E	M	I	T	R
A	I	F	J	V	D	L	R	D
J	L	U	M	W	E	O	S	S
Q	L	D	H	D	D	W	K	J

PENCIL   EXCEPT

UNCLE   LIMIT

TIME   HEAD

Twenty Six

```
G P H G U O T S I
W A V L W Q Y O I
G Y V Y K K R A P
G A L E J C W S K
N P K D G S E A W
G A Y A M L I P U
F M N H M L F P I
G T M S Y M T P L
A E T H A N K S C
```

THANKS   SHADE
TOUGH   PARK
PECK   PAY

Twenty Seven

```
C N L K F H Y S T
P Q B T O G O F K
L C Q R D A D J A
W N G M O E I P O
C T L L G S D E J
T V L X K C F E H
M A I O O D U L I
F F O P I L A S I
B B J O O E D M D
```

SLEEP   BOOK

FALL   FIX

GOT   DOG

Twenty Eight

C	B	H	C	B	G	E	S	W
D	Q	U	I	E	T	C	O	K
M	D	T	B	G	Q	O	H	Q
U	D	A	R	E	Y	A	N	L
V	N	E	D	O	W	D	U	W
V	E	H	N	E	D	J	S	S
C	I	W	A	E	H	E	H	G
G	R	P	T	C	A	G	E	Y
N	F	O	S	N	T	U	R	B

FRIEND   STAND
QUIET   WHEAT
RODE   CAGE

Twenty Nine

```
G  C  U  B  A  U  S  U  S
D  Q  V  V  F  M  G  A  U
J  S  I  C  K  F  Y  Y  C
D  W  P  E  I  S  N  D  L
H  A  R  D  E  N  N  D  A
E  G  M  F  P  M  U  U  S
L  N  N  I  S  O  F  M  S
B  A  C  K  V  R  B  V  U
S  F  K  E  P  D  R  A  V
```

HARDEN   FUNNY

CLASS   MUDDY

BACK   SICK

Thirty

```
N Y T H I R D M P
R G T N Z O O I E
I F I F T H T N B
D O E K A O Q D T
I T H Q I D H M E
N R R J D F D M A
G F H J E U J D M
V C G A O J U A D
K P N O W L Z R B
```

RIDING   THIRD
FIFTH   MIND
TEAM   ZOO

Thirty One

```
G S Y G K I D S W
O T L E E F F O C
Q E W T D K W N A
N L S K Q F Q L Y
U P I E C T H J W
J P B L V O P E P
O A L T D I R M E
R L Y G A V L G E
N G F Q P K H S S
```

COFFEE   LIVES
APPLE   ROCK
KIDS   SEE

Thirty Two

F	M	S	O	B	V	T	B	D
Z	I	B	U	H	Q	N	G	A
F	D	L	E	D	N	E	M	R
C	D	O	F	W	E	T	I	K
E	L	O	A	S	F	C	I	R
K	E	M	O	T	P	Y	L	C
M	H	N	H	C	Q	D	O	O
Z	G	D	L	S	Y	U	Q	D
N	D	W	V	S	I	H	T	O

MIDDLE BLOOM

NOSE THIS

DARK END

Thirty Three

W	Q	Q	C	H	C	D	R	F
N	O	L	L	H	M	C	B	M
V	T	N	E	T	C	F	F	I
H	H	O	A	K	T	E	L	S
E	C	L	N	S	V	F	T	G
G	N	S	E	Y	K	U	V	I
G	I	W	B	Q	D	N	A	Y
S	W	F	F	Y	P	C	A	E
A	U	V	O	F	T	H	W	D

CLEAN   STUDY

WEST   EGGS

INCH   WON

Thirty Four

C	E	E	M	E	W	S	C	V
L	A	C	T	F	E	B	N	Y
F	R	R	A	E	N	Y	L	M
A	L	F	N	Y	D	A	L	K
C	Y	C	F	P	U	R	Q	U
E	C	A	V	E	H	D	V	H
H	A	V	N	L	T	G	M	H
E	R	W	R	H	Y	O	U	F
B	R	E	R	C	T	P	S	T

EARLY   LADY

SEEN   YARD

FACE   CAVE

Thirty Five

F	W	B	V	N	B	M	H	L
O	A	D	U	T	E	Q	P	Y
U	H	F	P	Y	H	K	A	Y
R	D	C	S	A	T	K	R	L
T	A	U	O	I	S	V	T	F
H	Q	N	U	A	L	V	P	G
I	M	T	L	S	L	K	G	J
I	D	T	N	I	O	P	Y	W
C	P	W	O	N	M	Q	E	G

FOURTH   POINT

SILKY   COAL

ART   FLY

Thirty Six

```
C  H  B  O  U  G  H  T  S
W  R  D  R  L  E  C  U  H
E  K  N  W  Y  Y  L  Q  F
T  G  U  Y  L  Q  W  N  C
F  L  W  R  A  Y  I  C  N
L  K  W  T  T  W  J  B  Y
N  W  W  D  I  E  J  C  P
G  T  D  Y  T  N  I  O  P
J  I  N  U  M  F  H  N  S
```

BOUGHT POINTY
ITALY GUY
WET WIN

Thirty Seven

```
G O N N A H Y C K
M O U S E V N E V
K E Y V G U P A Q
P A Y R O H J R L
E W D L R I N T Q
V S M W E O V H E
E G E G Q F S E Y
R B F Y D F A Y H
V J S U A C D S H
```

SAFELY   SORRY
MOUSE   EARTH
GONNA   EVER

Thirty Eight

N	C	T	G	Q	C	G	O	T
N	Y	B	U	R	C	S	I	M
L	H	O	P	J	F	D	S	G
O	O	O	K	U	P	H	A	I
T	A	O	P	I	W	E	U	V
R	P	I	V	E	H	R	W	E
N	N	P	K	I	D	D	S	N
Y	H	G	E	G	I	N	L	A
I	O	U	N	E	M	O	W	Q

SCRUB WOMEN
GIVEN HOPE
HERD   TOO

Thirty Nine

F	U	E	C	I	F	F	O	G
B	S	C	N	P	U	D	W	T
I	Y	U	U	L	A	E	P	J
J	N	P	S	H	R	A	J	F
C	N	P	O	O	R	D	D	G
N	E	L	T	T	E	E	F	Y
T	P	S	Q	X	L	P	M	R
L	D	F	M	O	N	U	N	I
B	Q	N	V	Q	F	D	F	M

OFFICE   PENNY

STORE   DEAD

FEET   POOR

Forty

L	P	W	V	G	I	B	Y	V
P	Y	Z	K	F	U	S	F	Q
P	Q	Z	L	I	A	S	Q	S
E	W	W	D	D	U	G	D	B
R	J	I	C	S	R	D	B	S
S	T	Y	C	I	A	R	V	B
O	L	A	G	A	G	J	T	E
N	V	W	D	K	R	Y	A	R
M	J	S	H	O	U	L	D	A

SHOULD   PERSON

SAIL   WAY

ADD   CAR

Forty One

M	Y	E	A	R	D	S	M	D
R	T	E	S	D	N	U	O	R
F	E	E	Y	D	L	S	T	V
W	O	A	D	V	W	C	R	W
O	F	M	C	A	R	O	I	K
W	I	M	I	H	C	M	E	M
N	R	T	U	C	M	E	C	V
N	R	F	S	T	J	N	N	Y
D	S	Q	M	R	A	R	O	Y

REACH   ROUND

COME   WAIT

ONCE   YEAR

Forty Two

V	W	W	Y	A	D	N	U	S
G	V	K	T	M	M	C	A	K
R	H	W	N	Q	F	J	V	J
A	T	I	T	S	R	A	E	Y
E	A	Q	A	W	O	Y	J	O
D	O	B	R	C	N	K	K	A
C	C	C	A	O	T	C	D	W
N	E	A	R	C	V	Q	J	M
S	A	C	A	S	F	A	W	H

SUNDAY   FRONT
YEARS   COAT
NEAR   DEAR

Forty Three

```
J  D  I  K  H  S  U  L  B
R  B  D  W  J  Y  M  T  R
B  Q  U  K  V  L  M  U  Q
F  O  O  N  R  E  A  D  I
H  B  W  I  E  E  L  D  I
H  A  L  F  Q  W  Y  A  B
M  G  G  E  Q  J  M  M  N
L  M  B  O  O  W  Q  N  I
D  P  D  V  L  O  T  D  T
```

KNIFE   BLUSH

READ   DAMN

BAY   BAG

Forty Four

H	M	P	S	U	G	P	J	G
K	P	T	N	M	U	T	U	A
T	L	H	D	Q	U	Y	K	U
R	C	I	J	E	E	O	I	G
U	I	N	J	N	U	F	I	C
H	F	G	O	R	O	Y	I	F
K	Y	M	W	E	H	N	J	Q
U	A	W	S	W	T	Z	H	E
B	K	I	V	Q	R	O	P	C

AUTUMN
MONEY
OUR

THING
HURT
WHY

Forty Five

H	F	I	T	H	F	L	Y	D
B	Z	O	M	Q	G	L	Q	D
R	R	O	Q	V	E	D	H	P
F	C	A	U	S	E	N	Q	Q
V	W	T	S	Q	P	I	L	O
F	A	E	B	X	E	H	O	F
I	P	N	F	W	E	E	B	F
Y	C	T	E	B	D	B	G	P
K	D	F	C	A	R	E	A	F

BEHIND   CAUSE

CARE   TENT

DEEP   FEW

Forty Six

```
N  N  Y  B  A  I  B  N  A
P  I  Y  F  F  U  L  F  J
L  I  R  H  G  R  O  W  B
A  T  T  O  K  H  B  E  S
N  E  Q  H  G  L  R  Q  L
T  I  P  U  G  G  J  E  T
C  B  A  W  N  I  Y  R  K
Z  L  K  L  R  U  L  O  R
B  V  C  M  T  C  Y  M  Q
```

FLUFFY   PLANT

LIGHT   LAUGH

GROW   MORE

Forty Seven

A	Q	V	T	E	U	U	C	S
B	A	O	H	D	E	E	N	L
U	K	R	H	G	A	S	S	A
F	I	B	T	P	T	V	L	B
L	V	M	O	O	P	K	A	S
P	T	C	K	E	O	B	T	U
D	V	B	R	S	Y	K	O	R
E	O	H	O	D	A	S	K	E
T	S	S	W	K	S	S	D	W

NEED   BABY

WORK   TOOK

SURE   ASK

Forty Eight

```
O  B  R  E  J  H  S  W  A
V  C  P  L  A  N  K  P  L
F  Y  G  H  L  G  N  U  K
U  N  N  O  I  U  V  H  I
N  Q  I  F  R  Y  M  E  D
M  U  E  E  F  S  O  E  K
F  N  B  T  B  I  L  T  T
D  N  Y  M  O  M  N  Y  L
P  T  Z  B  G  N  B  S  L
```

BEING SNIFF
GUYS   PLAN
FUN   MOM

Forty Nine

E	L	W	R	A	Y	K	S	W
W	A	J	F	L	T	O	O	P
A	V	P	G	I	F	C	I	B
R	T	A	G	G	E	Q	V	Y
E	F	I	A	B	O	E	O	S
V	O	R	Y	Q	P	S	G	B
I	J	A	U	Q	R	B	H	L
R	M	N	W	O	D	D	D	B
V	F	C	I	R	C	U	S	I

CIRCUS   MAYBE

RIVER   GOSH

PAIR   DOWN

Fifty

P	K	Q	C	R	D	G	E	U
D	T	J	A	H	I	D	Y	J
R	S	V	C	Q	O	O	V	B
A	H	S	S	U	S	L	H	N
W	K	A	R	I	G	G	E	G
G	W	H	E	T	A	A	G	D
W	B	F	D	H	X	Y	Y	E
V	I	N	I	G	H	T	G	R
J	C	Y	O	M	F	K	I	M

NIGHT   DRAW

HOLE   EGGS

HAS   RED

Fifty One

```
F  T  H  P  T  F  N  F  U
C  H  O  R  E  J  N  V  L
S  M  O  K  E  E  E  D  U
C  S  D  B  A  V  L  O  P
N  S  P  T  E  O  O  Y  H
Y  M  G  S  G  W  F  R  U
H  G  Y  G  I  T  N  O  Q
W  S  G  S  E  T  U  T  I
K  C  U  R  B  O  O  S  Y
```

STORY SMOKE

CHORE GOLD

NEAT SIT

Fifty Two

J	Q	Y	M	J	C	O	Y	L
X	K	H	E	W	N	R	K	F
Q	Y	S	N	S	L	E	A	E
M	O	F	E	Y	M	S	D	C
U	V	N	O	O	T	Q	U	D
S	N	S	M	O	G	T	H	O
I	Q	M	Y	A	T	S	D	R
C	B	C	V	T	K	E	I	I
V	O	E	E	R	G	K	D	Q

MUSIC STAY
GOES FAST
MEN DID

Fifty Three

T	M	S	Z	V	G	W	N	D
H	O	E	H	K	E	B	G	H
O	O	K	V	Y	E	A	P	S
N	N	C	K	E	H	P	O	D
C	R	U	A	T	U	R	I	L
O	E	D	W	E	N	I	N	R
S	P	J	V	H	M	K	H	F
S	A	L	I	S	T	E	N	H
W	P	B	H	C	C	F	U	S

LISTEN   PAPER

NINE   DUCK

RIPE   YET

Fifty Four

V	W	K	S	V	Q	T	M	Y
L	J	B	E	L	O	W	N	G
J	O	B	S	E	C	W	L	Y
I	D	A	K	S	U	A	J	C
C	U	D	C	E	S	M	L	N
I	K	S	U	H	Q	T	D	E
C	N	E	B	T	W	I	U	P
O	M	Y	G	H	Q	T	Y	P
H	Q	E	P	D	R	A	H	K

THESE
BELOW
EYES

BUCKS
HARD
PUT

Fifty Five

```
A  F  P  O  L  I  C  E  Q
G  T  N  U  Q  H  C  T  Y
B  K  T  A  O  Y  H  H  N
I  W  R  C  A  M  C  D  S
L  F  Y  D  E  A  T  P  T
S  A  I  D  N  V  A  S  A
H  R  N  Y  W  L  W  F  R
F  M  G  H  U  B  E  M  T
U  K  R  M  M  B  A  D  B
```

TRYING   POLICE

FRIDAY   WATCH

START   ANY

Fifty Six

U	I	I	D	F	K	Q	H	I
T	Y	D	I	P	I	C	K	M
I	R	P	U	R	H	Y	H	D
H	A	A	W	V	T	V	M	B
K	P	P	D	R	P	R	E	D
G	B	G	O	E	P	A	B	M
S	H	F	X	G	R	B	T	V
H	I	I	O	Y	J	M	H	J
J	Y	F	F	E	U	L	B	G

TRADE   FORTY

BEAR   BLUE

PICK   FOX

Fifty Seven

```
Y Y T C Y F F M M
O O H R C Q O W Q
H R S E N D C C S
F A K U L Y E P Q
K S D M E T A Y N
T P K S H Q N H T
O U A G E G S V A
F O G M R U C G H
T A C W Y O B B W
```

OCEAN WHAT
SEND YES
BOY AGE

Fifty Eight

```
T  S  I  W  E  D  J  H  F
W  F  D  E  V  O  M  H  O
L  K  V  I  J  F  E  D  Q
C  G  T  L  D  L  E  E  H
S  C  L  E  L  A  B  T  A
C  I  S  O  L  N  F  I  U
H  U  C  W  M  P  Q  R  J
J  O  D  P  I  V  M  W  I
R  A  Q  G  N  Y  J  L  Y
```

WRITE   HELLO

DEAL   USED

MOVE   DEW

Fifty Nine

```
J  N  A  S  D  V  E  C  R
S  R  G  H  V  O  V  A  P
Q  A  O  Y  Q  M  W  G  W
P  S  D  W  K  Y  T  S  K
K  S  A  T  N  A  L  I  U
N  B  T  H  G  I  E  D  Y
I  D  F  D  N  W  O  E  W
P  V  A  C  K  W  F  Y  O
M  U  U  T  Y  N  A  F  K
```

EIGHT   PINK
SIDE   SAT
OWN   AGO

Sixty

I	S	N	E	P	O	N	Q	J
D	Q	N	U	V	E	B	S	G
U	J	Y	T	T	D	Y	O	S
C	Q	P	G	N	N	E	L	G
V	B	N	V	P	I	E	M	C
T	M	F	Y	B	F	A	W	K
A	P	P	E	A	R	O	P	L
D	B	B	R	O	B	I	N	D
C	T	O	R	G	Y	T	I	L

APPEAR   PAINT

ROBIN   WENT

OPEN   BYE

Sixty One

E	W	B	I	J	S	P	K	V
S	O	E	A	P	K	J	E	R
M	M	S	S	E	E	C	W	E
P	A	T	N	A	H	K	X	M
M	N	C	Y	Q	N	C	W	E
M	T	C	V	O	U	G	N	X
G	V	T	N	S	Y	D	Q	O
M	S	F	E	P	W	U	P	B
R	Y	N	D	E	V	A	W	U

EXCUSE   WOMAN

BEST   WAVE

SANG   BOX

Sixty Two

V	I	N	R	A	E	L	Q	V
F	J	Z	S	W	T	H	M	P
N	B	P	J	K	Q	A	I	U
A	G	L	S	E	N	V	R	D
M	L	L	K	I	W	E	A	M
E	A	J	H	B	X	L	H	K
N	P	P	H	O	A	G	C	B
E	Q	Y	O	U	R	Q	I	U
Y	T	Q	F	C	J	T	P	F

LEARN HAVE

YOUR NAME

MAN SIX

Sixty Three

```
F  V  U  W  I  Y  I  F  E
O  D  T  K  F  Q  A  A  M
T  V  E  S  V  D  F  R  M
S  T  H  D  R  A  W  O  T
O  V  S  B  Y  H  Q  E  T
M  F  R  L  O  L  G  D  A
L  W  H  O  L  E  N  A  Q
A  F  Y  B  I  D  B  O  A
A  D  M  H  I  M  R  R  B
```

ALMOST TOWARD

WHOLE ROAD

ONLY SHE

Sixty Four

```
P  Y  D  C  S  Q  E  S  K
I  V  E  S  H  Q  D  O  R
E  Y  M  W  D  C  G  T  V
O  E  H  Y  G  O  E  H  R
U  L  Y  P  D  V  F  E  V
G  T  P  R  B  E  W  R  Q
R  B  I  F  S  R  A  N  I
J  B  T  H  I  R  T  Y  W
O  S  O  C  I  A  L  A  U
```

SOCIAL   THIRTY

COVER   OTHER

BIRD   EDGE

Sixty Five

```
U N F I U J L O S
S G Y M V F F V G
I A N C J N R P E
I Y L V E D T F L
U N J T E G H R S
S T F L O W E V E
Q O L A J A I H R
V A U O U K R H A
C L R E A S O N W
```

CALLED   REASON
THEIR   OFTEN
SALT   ELSE

Sixty Six

```
Y K I W W Y G D G
O N E G N Y S U U
U O C G N M S R E
N W P O K W L W J
G N I T N V A O R
Y B L G O I N G L
L U S T H L B R A
H D H A O J R O M
J D A U W O L F F
```

KNOWN   YOUNG
GOING   WOLF
SLIP   LOT

Sixty Seven

```
L O R Y C E V V H
U R M G G E H L J
E M E D A M H V W
S W Q K D N Q F Y
I E L M Y D E G O
H A A S E T Y B A
W E F R A A L W V
N W I O J E B T N
D T D L E H P B F
```

TIRED   WALK
HEAT   HELD
MADE   SEA

Sixty Eight

```
W  S  A  L  T  C  K  A  S
B  L  S  U  G  A  R  R  T
I  J  T  O  L  I  P  H  O
Q  N  D  T  G  L  C  U  O
G  V  A  K  R  I  I  A  D
N  N  B  G  H  O  S  A  L
W  Y  U  W  U  T  Y  R  N
K  G  R  U  H  Y  A  Y  S
W  W  C  E  I  W  E  H  F
```

STOOD   PILOT

WHICH   SUGAR

NAIL   BAD

Sixty Nine

R	K	T	U	O	B	A	A	U
E	L	O	C	A	C	C	T	F
F	S	L	D	V	H	D	A	M
F	E	S	B	R	T	H	P	Y
R	J	L	Z	O	O	A	D	U
F	P	U	T	O	L	N	S	S
Y	N	W	A	M	C	D	J	E
U	F	U	C	T	U	L	K	C
B	O	U	W	S	S	A	R	G

CLOTH　　　　　ABOUT

GRASS　　　　　HAND

FELT　　　　　　ROOM

Seventy

M	F	D	B	J	I	C	J	V
O	A	H	T	X	I	S	S	S
H	R	E	A	N	L	P	H	D
P	M	A	K	J	N	U	B	G
Q	E	Y	O	W	Q	E	K	F
L	R	E	O	J	N	C	H	T
D	K	N	L	Q	A	N	O	W
G	N	O	D	L	F	R	V	K
G	Q	P	B	I	E	G	I	N

FARMER   BLACK

SIXTH   WHEN

LOOK   ONE

Seventy One

```
N D G J F O P S E A L T
K A T K H G K M Q N H N
V F T H O I A S N E W I
M A T K O M K E D I N I
R E M W F G A E G W Y G
A K P Y D K Y M Z A N M
K A W B D S G N I H T H
V G E H B Q Q C T A P O
N J P B G R E F C S H D
E Q I Q I S Y H G L O O
Y F O O H B P B H Q S P
I K H B T U R N A U J W
```

THINGS   TURN   POST
HOOF   SEEM   NEW

Seventy Two

```
F O B K U J D S H T M Y
U F E V V A A H M Q F W
E J S R F N P O J U O B
D V J J W L R E M R N S
F O U N D F O F T W O A
O V L I O E B H O Y F C
J A H D E B A R V C K G
A F F F I S B B J G H I
V P L Q D X L P G C K E
S N T A G L Y D A T Y T
V W P C W P E E A M T M
R Q E H U E T U V D P K
```

PROBABLY   TEACH   BROWN
FOUND   SHOE   OIL

Seventy Three

```
O W T C J U T V C V B V
O C L L V F A B B W V C
L O U K O F L K W J K R
H T T Q N Y K Y G L R O
E Y E E A P A N I H V S
F B T L C O M P A N Y C
F H R E H R A M J W G Q
J U G V P S G Y P K J L
B O K E C F T Y N I A H
T K R N C K Q A Q V Q U
W H U F E V H T P F C X
W K D Q N T S K U D O A
```

COMPANY   FLYING   ELEVEN
THANK   LAY   COT

Seventy Four

```
F F M C E V E N F A U A
F A L A U N D R Y A M I
K Q K Y B Y I K S U C R
U K M X G L S N D O G A
K O T D H O Y H P P W
O U W J M L A V I C I L
Y M J I A O S S P S G H
U T P Y D A T T H P A Y
U T Q V V E G T E U E P
O A G Y J D F O O T A G
D D T H D Q Q L Q B W V
H V P T H G U O R B L O
```

BROUGHT   LAUNDRY   BOTTOM
SAYS   EVEN   WISH

Seventy Five

L	P	I	Y	T	S	O	M	R	T	W
J	H	J	P	W	Q	I	P	E	N	J	A
G	A	I	O	I	J	V	J	E	V	S	T
R	T	C	S	O	Q	E	O	I	S	O	E
C	T	B	N	R	R	Q	D	D	U	M	J
W	G	P	M	F	D	N	L	I	A	M	W
I	I	U	I	O	O	G	K	Y	Y	V	B
T	E	P	S	P	R	L	I	U	M	U	R
H	U	O	O	S	U	N	V	K	J	S	I
J	I	N	N	E	R	B	Y	U	W	I	N
C	C	R	I	F	Y	G	B	A	N	Q	G
E	F	K	D	A	G	A	I	N	Q	M	A

AGAIN   BRING   UPON
MOST   POND   MAIL

Seventy Six

I	T	S	E	Q	J	L	G	L	Y	Z	B
N	S	T	E	A	C	H	E	R	D	H	B
K	N	L	H	V	Q	Q	F	P	A	H	P
B	Q	Y	G	E	K	E	P	Q	P	C	I
P	I	W	I	K	T	Y	Q	K	F	K	A
U	N	D	H	J	D	J	M	E	Q	A	S
R	O	T	T	E	N	E	R	S	L	U	L
O	H	M	T	K	Q	W	Z	P	E	B	H
I	W	E	A	R	E	N	P	D	S	N	D
D	W	G	K	T	O	L	E	F	H	K	N
A	P	E	A	L	G	C	Q	F	D	R	R
R	T	L	P	A	Q	Q	V	V	L	C	G

TEACHER ROTTEN RADIO
LATE HIGH WEAR

Seventy Seven

```
M A B N Q T B O I R Y M
V P R E V O C S I D K Y
D A M T A Q T I D F F O
W O N E C E G I Q T T B
X P T K C Q E N T K B S
Y B M C M N B S I Q G B
K F L O U D A T B R V M
B N C P C F N L G E P P
D E S V R T T X G G W S
Q X B R Y K B G O X D I
A T H E V S H P M E T E
G H P K F F J S W P L Y
```

DISCOVER   SPRING   GLANCE
POCKET   NEXT   OFF

Seventy Eight

```
O B L O H C Y V G C H F
G C O Y E W F Y K N N H
H O Y J I S R W S M C M
Y R W T G S O V D F A N
G E H M H O O M H Q T R
O M G P T D E W Q N C F
V E L S Y B E W T L H Q
F M V I I L Z P Y H M V
M B M W B E B G Q J U L
H E Y L W O L S V V I G
Y R S T A K I N G H A Y
Q F O G U I V I G A K P
```

REMEMBER SLOWLY EIGHTY
TAKING CATCH TWO

Seventy Nine

```
G H W G B V Q D B F F F
B T L G P I C N I C I W
J Q C G Y B Y T T G V C
S A A N Y R R K H C O B
P U C Q K E B T A O O D
V W T H D T A E U H T Y
L Q K I R R P I W J S T
O Q L L U O T A B Q Q W
D S H J M F D H A P F G
O A P C W M G A L D O W
H D T W T O C I W S I H
N D R D D C S U D Y Q E
```

COMFORT   PICNIC   SHAKY
SLIDE   FIGHT   HIS

Eighty

Q	C	R	E	A	D	L	E	U	H	I	E
B	O	A	R	D	P	P	N	O	G	J	O
D	L	M	Q	H	J	Q	C	A	I	L	O
E	P	M	Q	W	H	D	Y	G	R	J	L
H	P	K	A	U	Q	I	A	E	G	G	T
M	Q	W	A	Y	D	H	N	D	R	B	I
N	R	D	K	J	N	G	I	O	D	A	K
R	I	M	C	K	L	S	U	W	D	Y	A
N	L	I	C	I	H	P	B	C	L	T	Q
D	A	J	S	E	M	R	U	S	B	O	F
P	J	H	S	U	D	S	V	D	D	I	B
U	R	A	S	V	L	V	I	M	I	A	F

ENGLISH   CREADLE   DISHES
DADDY   BOARD   GROUP

Eighty One

S	A	O	A	J	O	R	N	J	H	O	V
Q	F	R	F	U	R	U	S	D	I	T	K
L	W	M	N	U	Q	B	Y	A	K	L	A
C	U	H	U	O	D	V	C	J	M	B	N
K	F	F	W	A	O	L	L	U	F	E	I
H	L	E	N	J	C	L	Q	J	K	O	T
B	C	A	H	L	S	U	P	P	E	R	S
I	U	M	N	T	M	G	B	H	U	R	U
M	I	I	M	D	G	L	W	M	T	C	J
A	M	V	J	L	Z	Y	S	E	D	V	F
C	B	C	V	W	A	R	M	A	G	E	B
A	S	V	G	V	I	U	N	N	O	R	D

SUPPER   LAND   FULL

WARM   SAME   JUST

Eighty Two

```
F M E K I V U G W K Y S
L N A N E W Q R R N D U
O U A Y F Q I M G T D H
V S S E H T K L R T K G
R G P R T F U S E R Q B
H M M E C D K O O L V I
B E N H W C O D D R H D
B Q N W O L L E Y C B R
A A T E S A K A A Y Q S
A L R I G H T I H D Y B
S N E N G D T S F D L V
O D O N T U L F P I Y I
```

ALRIGHT   WRITTEN   YELLOW
HERE   USE   MAY

Eighty Three

```
O Q E C E L F J O R Q T
J C L O O U T S I D E J
T N Y Y C C S R M A S A
A M M G L L R A M D H J
E U R S K L E Y M T J A
R U T T D R S A R K G R
A L A I D R F H I M Q B
C Q B B R K A K M H T Q
S H Y G O R W W H A B M
Q C T P W O F E E A F I
F D I S V T F U M R E N
N M Y F N F R C M H Y Y
```

OUTSIDE   DRAWER   DREAM
SCARE   YEAH   BAT

Eighty Four

I	L	A	E	D	A	D	R	T	L	A	T
A	A	V	U	F	W	Y	I	J	Q	S	D
V	A	H	B	P	O	J	F	D	J	U	F
C	N	P	C	M	A	Q	Q	R	H	W	C
D	O	P	Y	D	K	E	E	P	P	F	O
H	Y	O	Y	M	Y	R	G	S	O	T	I
Q	O	L	R	R	Y	J	E	S	F	I	K
F	N	L	G	B	Y	A	P	A	S	C	E
Q	V	A	U	H	H	E	R	O	W	U	K
P	D	G	J	B	L	H	N	I	A	R	M
J	T	I	K	L	F	T	C	R	R	H	I
G	Z	O	G	I	V	V	C	K	C	O	B

GALLOP   SPELL   KEEP
RAIN   ROW   HOP

Eighty Five

E	S	S	B	W	A	A	F	Q	I	U	J
W	O	E	E	F	F	S	K	Q	B	J	N
N	M	Q	D	V	A	F	W	A	T	O	R
Y	E	R	A	B	B	I	T	E	G	E	E
O	O	S	T	H	U	N	Q	B	A	U	T
V	N	M	J	L	C	O	H	L	P	B	H
L	E	I	H	Y	D	U	G	N	D	Y	H
G	R	O	S	M	U	N	M	D	K	F	V
L	L	H	P	A	U	Y	N	D	R	L	A
J	H	Y	E	S	A	Y	K	U	F	C	A
U	L	W	G	E	F	E	Q	G	I	I	K
E	Y	S	M	P	N	O	I	S	E	N	A

SOMEONE   RABBIT   NOISE
REAL   MUCH   BED

Eighty Six

U	M	S	C	R	B	S	H	Y	C	T	Q
A	F	J	R	Y	T	R	K	A	L	H	U
R	P	Y	O	K	B	K	O	R	A	O	D
E	C	S	W	G	B	V	K	K	I	Q	O
L	Z	O	U	Y	M	U	E	V	E	A	V
B	L	U	K	J	Y	S	Y	B	M	W	N
U	E	J	O	Y	Q	I	L	G	C	I	S
O	G	R	C	F	R	U	V	C	G	L	L
R	U	A	Y	K	G	U	S	E	N	O	B
T	T	S	T	M	I	L	E	W	M	M	U
P	R	V	B	K	S	F	R	G	R	J	Y
X	O	Y	V	L	U	R	D	A	L	C	B

TROUBLE   BROKE   BONES

MILE   CROW   KEY

Eighty Seven

```
O Z W T E P N D J J D C
J K F A R Q Q O S S V C
L E C P W Q C B K F N U
C A D W H H N O N H R O
R I P C I R O B A J C G
W M A L W B I S S A O N
S F P B R E V N E R F I
P K D I O U B N O E K O
C V A J N A T N M G P D
Y K W U G S G T U O A W
L G T P C U N D E R Q W
A S M W D M R O F Q H N
```

WHOSE　　　WRONG　　　UNDER
WAGON　　　DOING　　　FORM

Eighty Eight

D	U	O	W	H	B	A	A	S	M	I	F
E	S	R	F	J	U	Q	A	G	I	M	L
B	B	N	I	O	U	I	D	R	B	H	I
P	E	C	J	Y	I	W	S	K	K	W	P
S	I	A	V	T	N	E	R	A	P	I	P
N	K	K	K	G	L	D	S	Y	E	R	E
J	T	E	R	D	G	E	J	C	N	J	R
W	L	B	E	R	S	Y	Q	H	S	F	B
A	O	W	J	R	J	F	M	D	R	J	J
N	L	C	U	N	K	B	E	Y	S	K	P
T	C	N	E	K	L	U	B	V	G	E	J
Y	O	S	L	N	E	P	B	G	L	E	A

FLIPPER PARENT NURSE
BEAK WANT CAKE

Eighty Nine

```
U J A Y O C K U Y O Y K
P R I L S H Q U F Y I G
R J D F G S O C Q I F P
T N N R W L I B X N D I
O G E A F A G P C B S R
H F E D K J A E I C V T
K C R W F S O K E J A R
L W G G P O E N F B N V
W L H C J L E N U F P U
O H D T G O V G A I V V
C F J C N O K A Y W R K
L Q N E E W T E B O D C
```

BETWEEN   SCENE   GREEN
TRIP   BIKE   OKAY

Ninety

```
G T E D Q R S S I G S R
P U A S B P C C C Y I U
Y D F B U H H B S I M H
C Y L I L K O U W U L H
U A O R Y E O S E D B W
H S O H Y V L S D K S E
Q K D T T A Y A D N O M
E A I B G U N F M W R R
V L P Q H R O I Y L E Y
T Q Q K K J M S B Q V P
O O T L D M Y S D U D A
I L G O G Q R M C Q G L
```

SCHOOL   MONDAY   SOUTH
TABLE   FLOOD   SAY

Ninety One

```
G M V I M F N W Y O U Y
M Q K R G D T Q A O W B
W A C V Y R R A C M H Y
N T K H C G Y M N T M N
N F N K F E V U C A A F
U G L Y F M L S A E U U
N T D L G K D E Q R H E
M K J I O E F U O G Q B
P O U E E D T M F U D B
W T M B G P I F G Q Y Y
K I F P R D V J L P V O
V A T F C G B X F S A Q
```

MUSEUM   CARRY   GREAT
DOLL   YOU   GET

Ninety Two

R	H	T	B	B	M	B	J	E	R	T	C
B	X	R	N	G	N	A	C	J	V	U	W
E	E	B	U	S	Y	G	C	M	F	J	Y
G	J	B	K	C	M	F	H	M	G	V	P
E	B	E	E	N	Y	T	R	H	H	Z	W
D	C	U	P	S	T	G	U	S	G	B	Q
A	M	A	E	L	F	K	H	H	A	G	R
U	G	O	I	G	D	S	H	S	B	O	S
P	D	Q	B	R	G	G	K	H	L	K	D
Y	I	U	V	E	A	E	L	S	C	P	O
U	P	V	A	M	T	C	D	F	L	T	A
A	V	V	Q	M	L	D	Q	H	F	G	D

BASKET   DOES   BUSY
BEE   AIR   CUP

Ninety Three

F	E	O	P	N	D	D	N	U	O	R	A
Y	A	O	E	R	G	Q	T	L	C	M	D
H	C	P	R	O	U	D	H	V	F	L	M
A	J	W	U	R	O	M	E	D	U	J	H
B	G	T	U	T	O	I	N	C	R	F	O
M	I	O	V	N	N	N	H	V	R	J	A
D	P	Y	H	F	H	E	E	L	V	L	K
Q	G	K	A	J	C	D	V	R	L	V	M
P	R	Y	O	L	L	D	O	E	D	K	C
A	I	A	P	I	P	U	T	V	U	P	B
Q	T	H	M	Q	J	S	S	T	S	Q	V
V	Q	S	B	O	K	M	S	E	G	D	R

SUDDEN   AROUND   STOVE

PROUD   PLAY   THEN

Ninety Four

```
F R U A I R P L A N E N
K W Y A B Q V K O B F G
J Y C M A E B R W P H D
Y C S U S I C T V B U S
U L P L K O N A B C P T
O T Z E E H D C K V L E
K V O Y T E A F C R Y C
R H C H U X M O U A O N
S N O L Y G K U T Y L L
D E L Y W V L T M Y E W
J J V N Y U F Y I J B P
K F A R O C A R R O T U
```

AIRPLANE BASKET CARROT
SHOE UGLY DUCK

Ninety Five

```
A D U R I N G K W U J V
B C Q Q C T H L B U N Q
A D Y S U G S O V T L U
C O S G N M C V C R U I
J I J I W E U E C A D E
O G V F A A K L S I D R
H A L R N V L Y R N A M
H W A A F R Q B G J K E
R I J P P G L A D K S R
L G H K H V K B C K C M
E F F D E D A W K P A O
C I F I N D J A E A A J
```

HAVING   DURING   LOVELY
TRAIN   FIND   GLAD

Ninety Six

E	B	G	R	U	X	K	G	A	T	A
M	N	I	J	E	I	Q	P	I	J	H	R
W	V	T	M	C	H	E	P	M	L	V	Y
F	P	I	N	V	H	E	M	Y	G	G	K
N	M	I	P	S	V	W	D	S	H	R	I
O	I	Z	I	A	Q	J	P	T	V	Y	U
T	N	F	G	H	O	T	T	A	L	L	U
H	U	V	W	O	R	H	T	R	M	F	W
I	T	J	A	R	O	D	A	T	P	G	R
N	E	N	H	H	S	W	N	E	I	Y	N
G	S	J	U	F	E	E	W	D	T	N	I
W	N	W	T	H	I	I	M	F	W	Y	Y

NOTHING MINUTES STARTED
THROW   FISH   GAVE

Ninety Seven

```
D W B U F L D R S J B F
Q T D K Q W U W M Q L W
N F C P V Y N J T Y Q U
P T Q U Y K Y B M V K Z
W E W C W M F R K O K J
Q G I G A N N L O U A G
P O F R N O T Q N D Y I
G N E P O I N E K A T G
K E C S D D S Y U O N Y
G S C W I C W F E O H W
G T T G Q D N W O M T N
E H Q H I E P M I M C M
```

TAKEN SOON WIFE
NEST   SING EGG

Ninety Eight

E	H	G	I	V	J	H	C	N	I	U	F
S	C	A	E	G	F	G	V	R	Y	R	R
K	D	A	V	T	O	O	T	N	H	K	G
V	W	Y	L	O	V	N	R	D	W	W	Y
J	E	A	U	N	E	E	D	G	J	D	J
W	Q	A	C	A	S	K	E	D	E	J	S
V	J	H	E	L	P	B	I	M	R	T	T
H	J	T	L	W	I	U	I	L	D	S	O
C	U	F	C	C	F	L	G	P	E	W	V
J	G	Q	S	Q	W	W	V	T	J	C	K
S	U	C	V	K	B	N	R	R	O	J	C
F	T	I	N	T	O	L	D	T	N	C	J

FORGET   ASKED   HELP
LIKE   INTO   SET

Ninety Nine

```
P R K B N E K H W J O B
K P Q R D S K V F E Y K
K O B Q G U P T J L C Q
I V K Q E A S I A S Q W
D A U O W F O H D P N E
H J P M R O M K E C E A
G I D H O M E S O H A T
K R F A W H T R P I P I
M K Q A K S I M F Y B N
G F F P R I M D V T B G
O N U G F Q E F R J B O
C M J N S I L L Y W W Q
```

SOMETIME   EATING   SILLY
HOME   TAPE   FAR

One Hundred

J	F	C	C	P	P	D	B	S	I	F	Q
U	O	A	K	N	O	L	C	J	N	L	M
L	M	B	N	G	N	W	V	O	T	N	W
T	O	I	Q	A	Y	T	G	Q	H	O	T
P	B	N	H	L	C	L	F	M	E	G	I
Y	L	E	E	J	V	E	B	L	M	P	R
F	U	I	Q	L	B	M	Q	S	P	L	E
M	J	W	V	N	T	U	K	P	A	M	R
J	M	L	K	W	O	T	O	Y	Q	H	F
X	L	R	V	D	T	T	A	P	P	I	R
A	F	H	C	I	S	K	Y	C	E	V	Q
A	K	D	N	O	C	E	S	R	F	V	C

CATTLE   SECOND   CABIN
THEM   PONY   NOT

One Solution
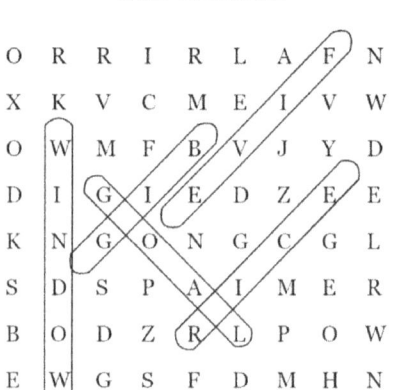

Two Solution
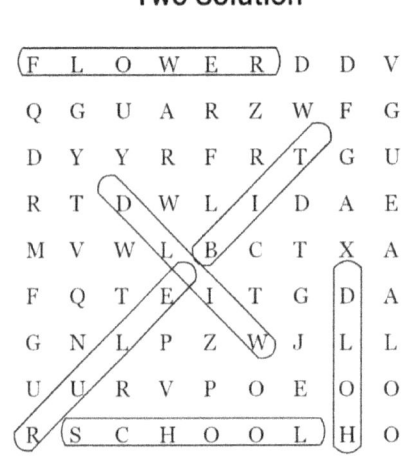

Three Solution
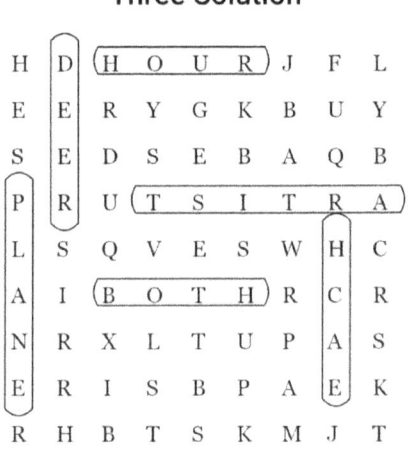

Four Solution
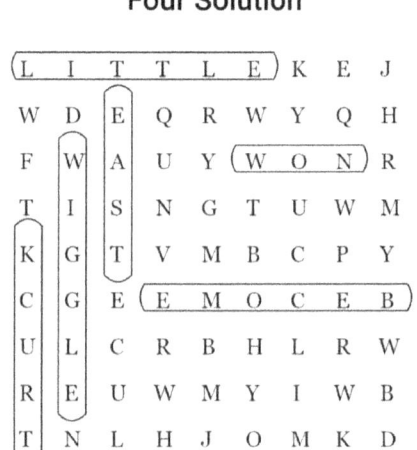

Five Solution
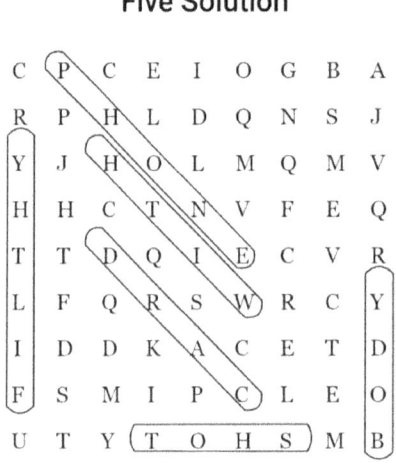

Six Solution
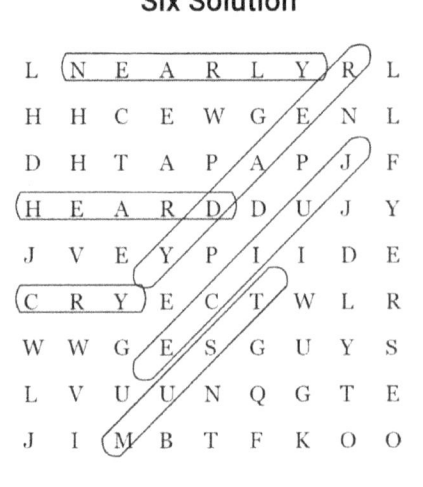

Seven Solution
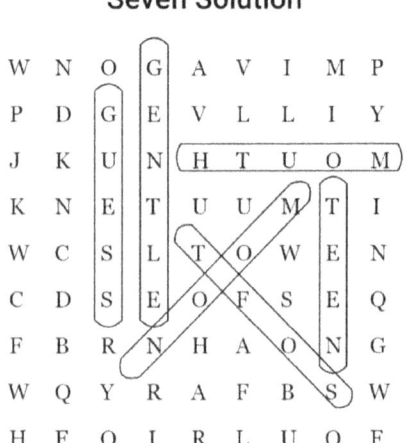

Eight Solution
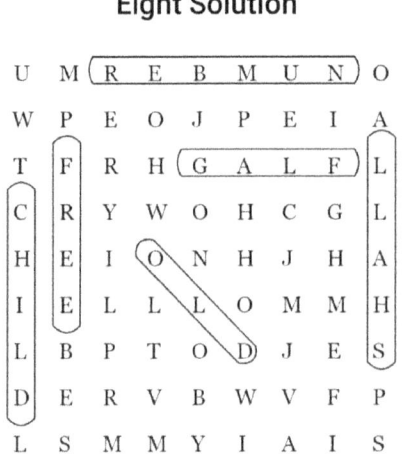

Nine Solution
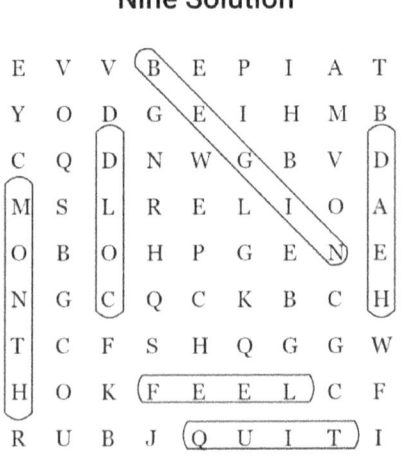

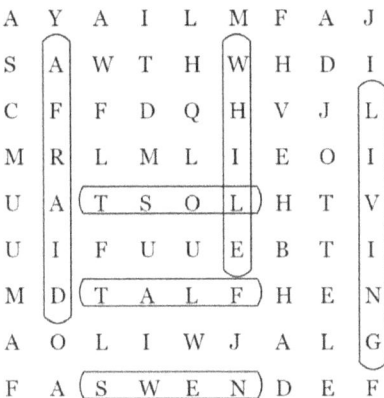
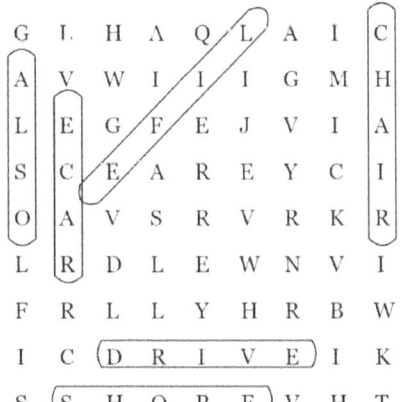

Nineteen Solution

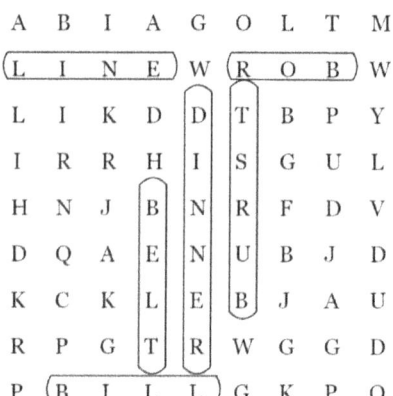

Twenty Solution

Twenty One Solution

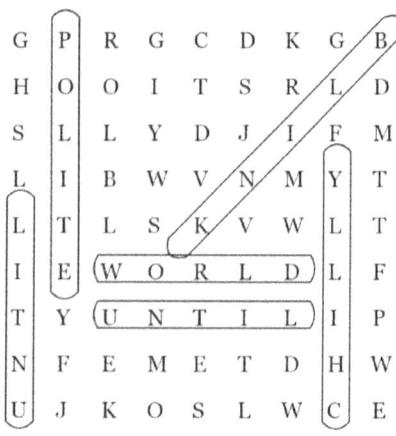

Twenty Two Solution

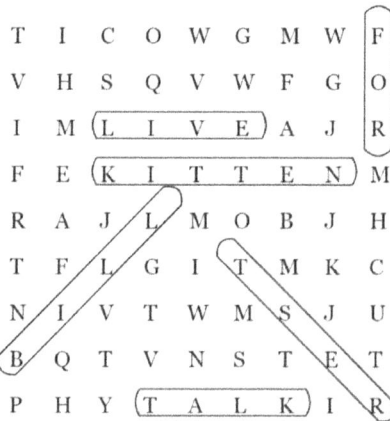

Twenty Three Solution

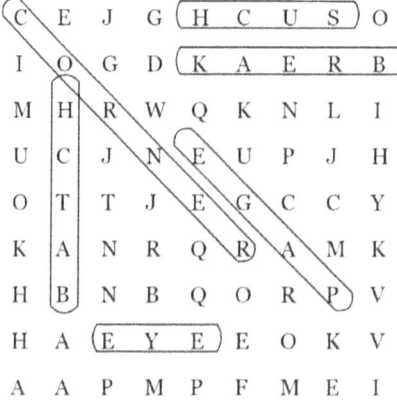

Twenty Four Solution

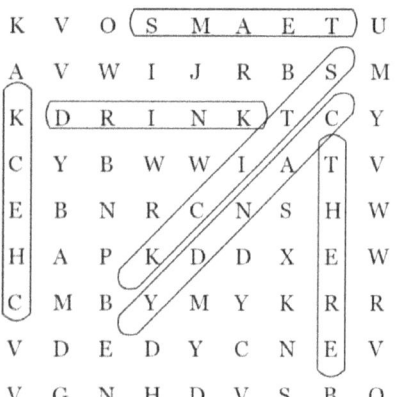

Twenty Five Solution

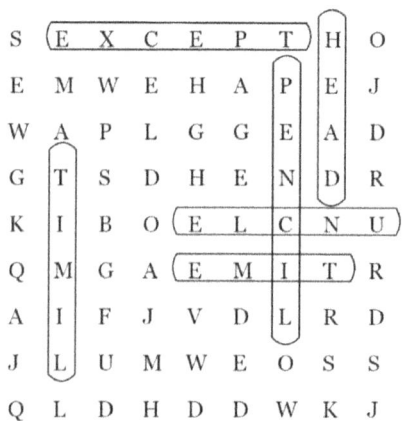

Twenty Six Solution

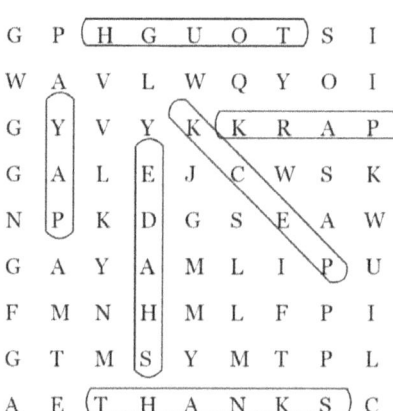

Twenty Seven Solution

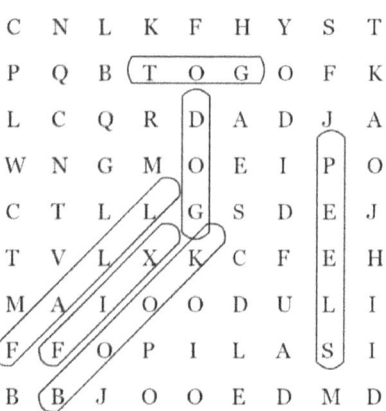

Twenty Eight Solution
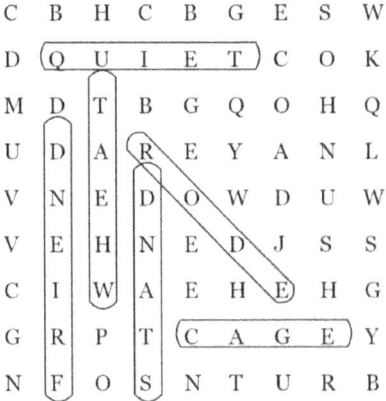

Twenty Nine Solution

Thirty Solution
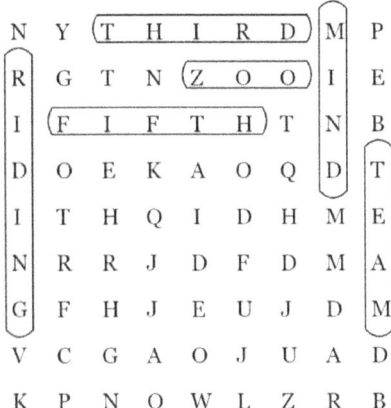

Thirty One Solution
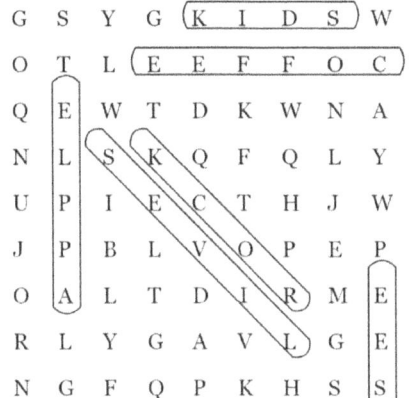

Thirty Two Solution
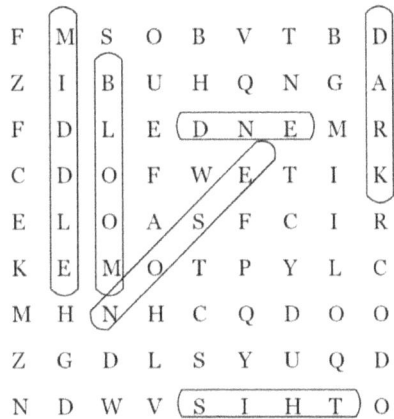

Thirty Three Solution
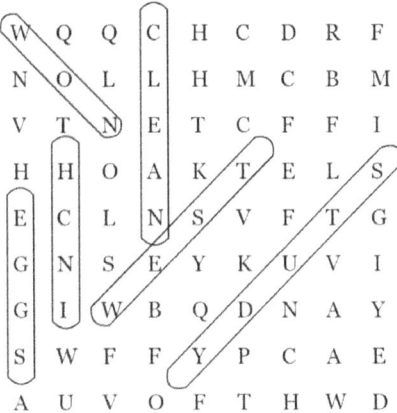

Thirty Four Solution
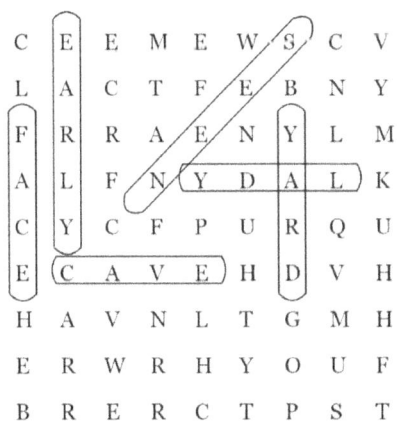

Thirty Five Solution
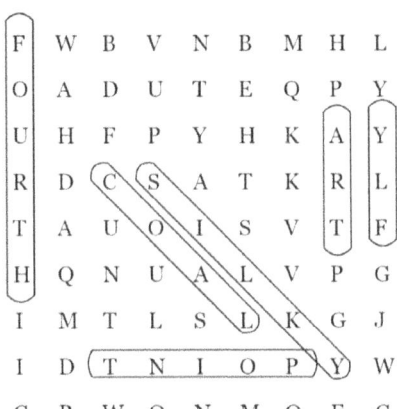

Thirty Six Solution
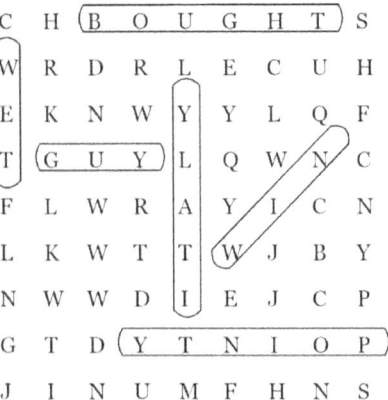

Thirty Seven Solution

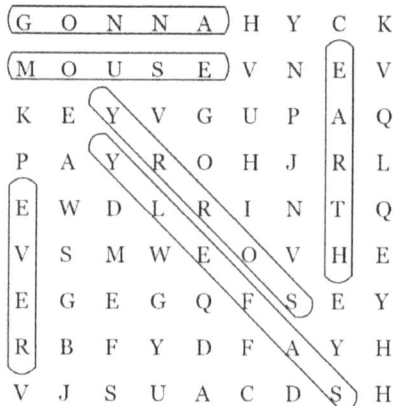

Thirty Eight Solution

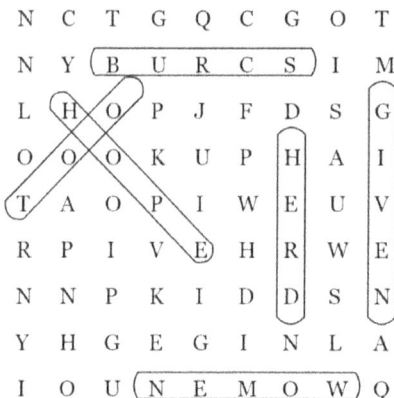

Thirty Nine Solution

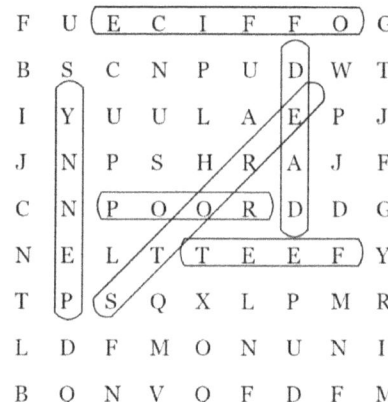

Forty Solution

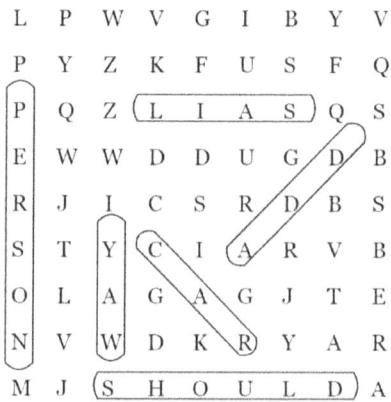

Forty One Solution

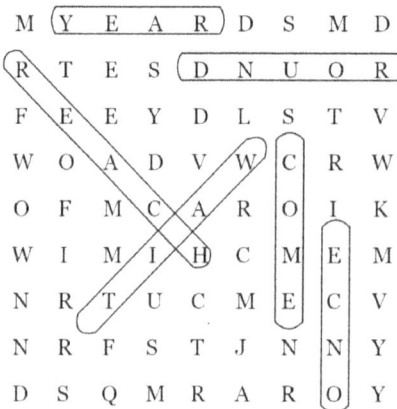

Forty Two Solution

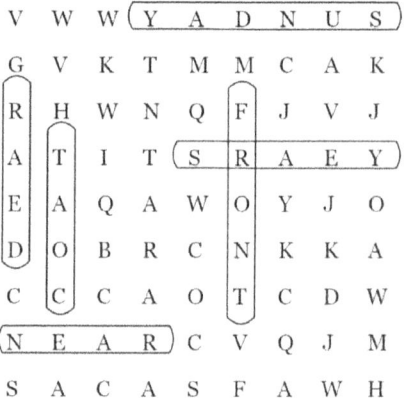

Forty Three Solution

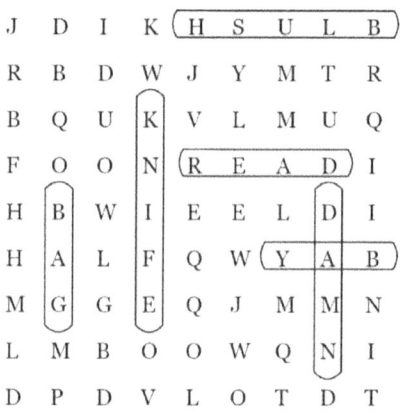

Forty Four Solution

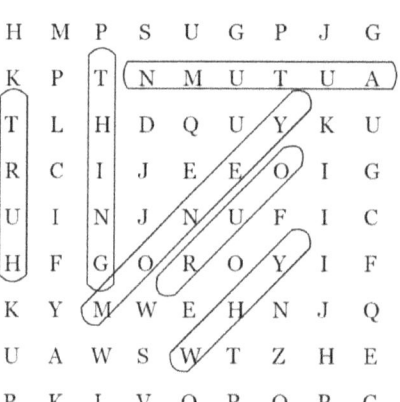

Forty Five Solution

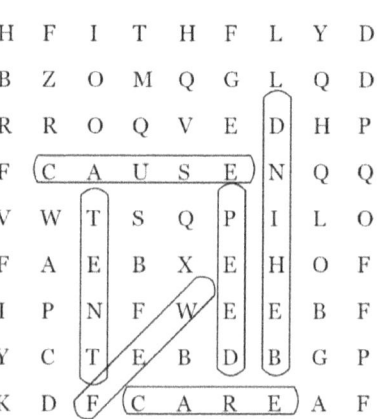

Forty Six Solution
Forty Seven Solution
Forty Eight Solution

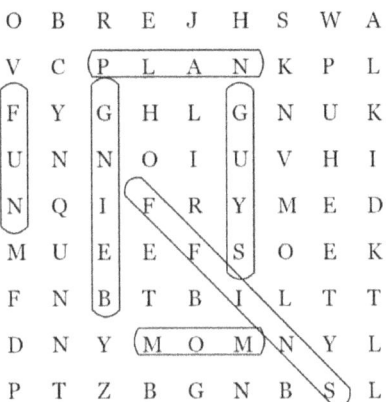

Forty Nine Solution
Fifty Solution
Fifty One Solution

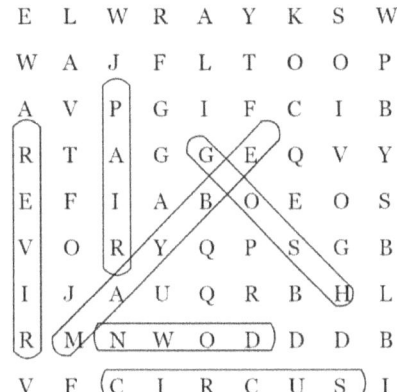
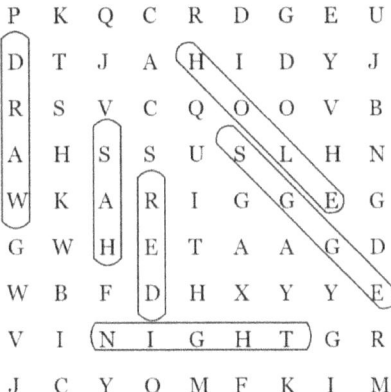
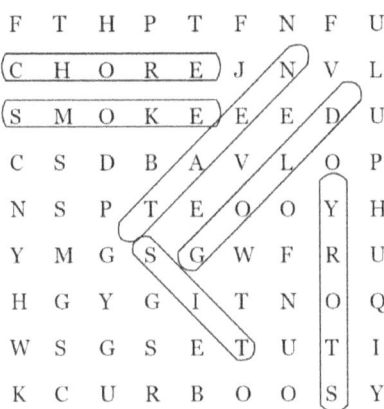

Fifty Two Solution
Fifty Three Solution
Fifty Four Solution

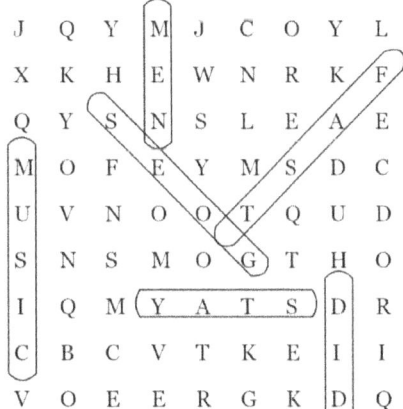
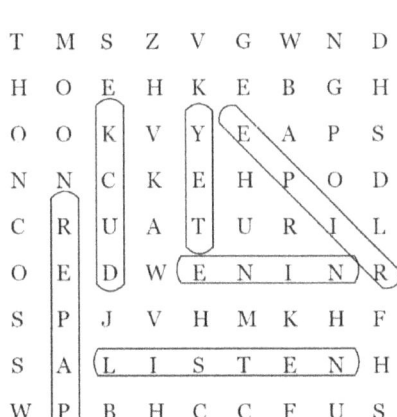
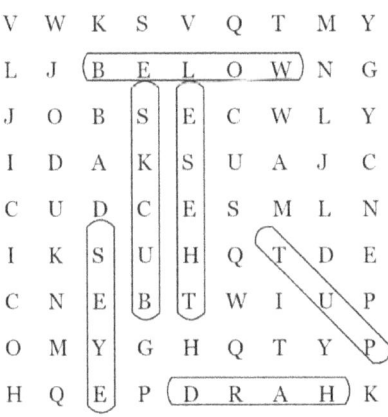

Fifty Five Solution
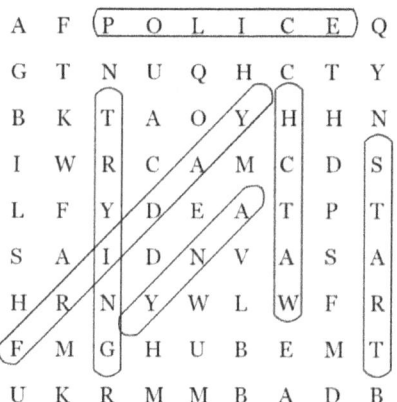

Fifty Six Solution

Fifty Seven Solution
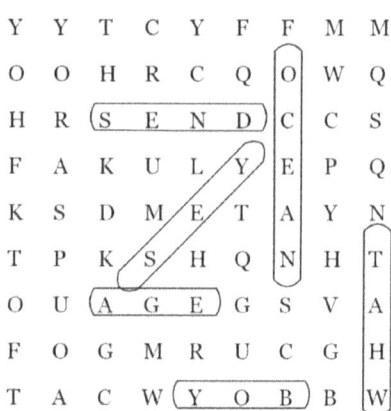

Fifty Eight Solution
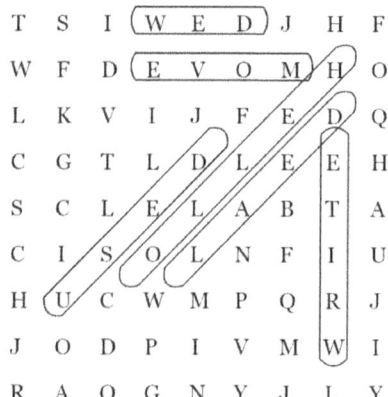

Fifty Nine Solution
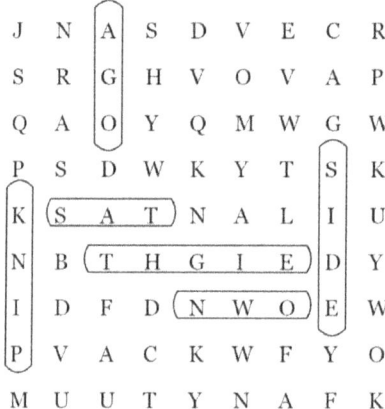

Sixty Solution
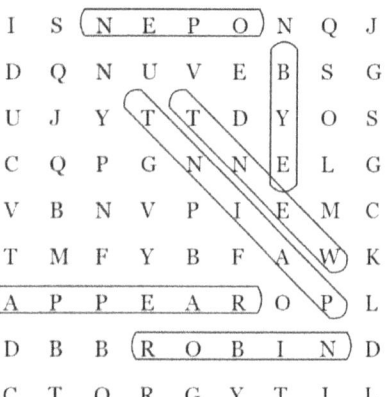

Sixty One Solution
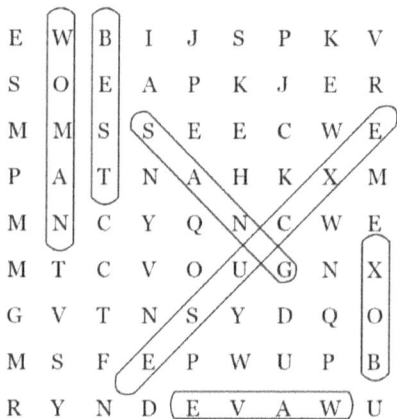

Sixty Two Solution
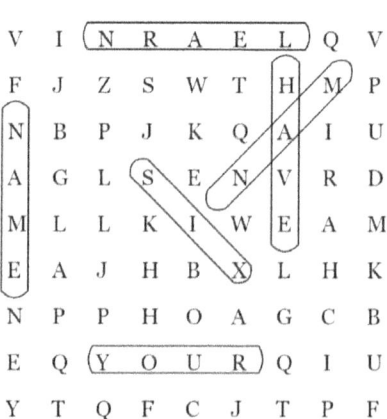

Sixty Three Solution
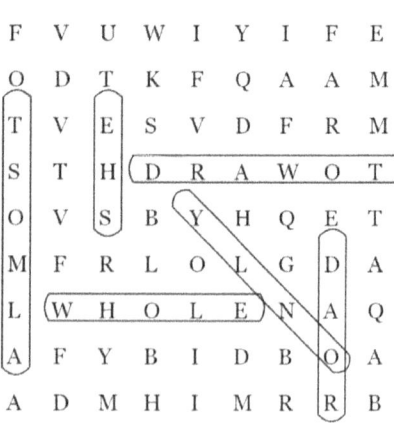

Sixty Four Solution

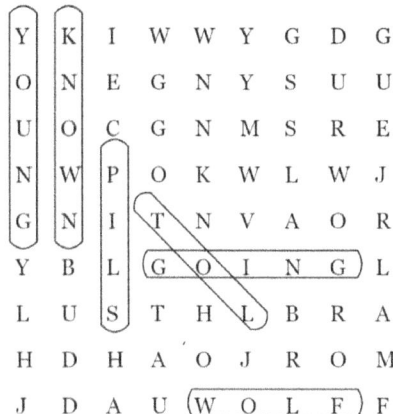

Sixty Five Solution

Sixty Six Solution

Sixty Seven Solution

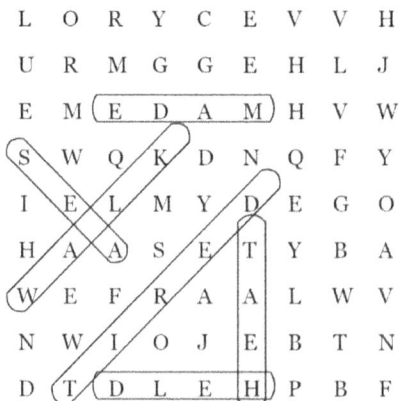

Sixty Eight Solution

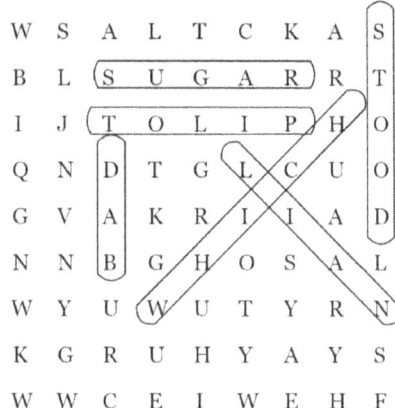

Sixty Nine Solution

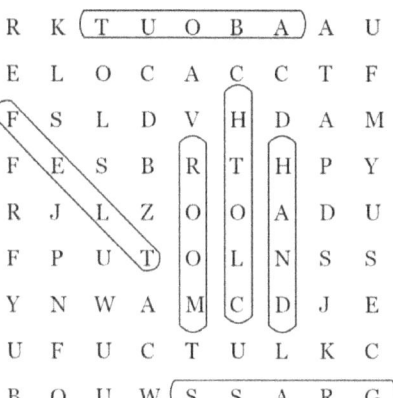

Seventy Solution

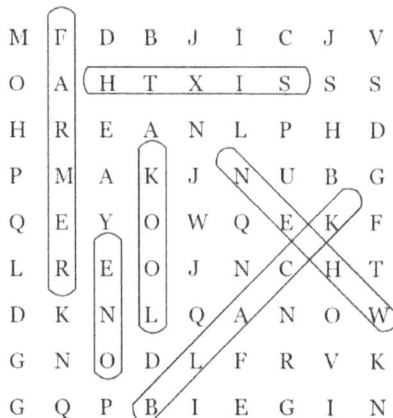

Seventy One Solution

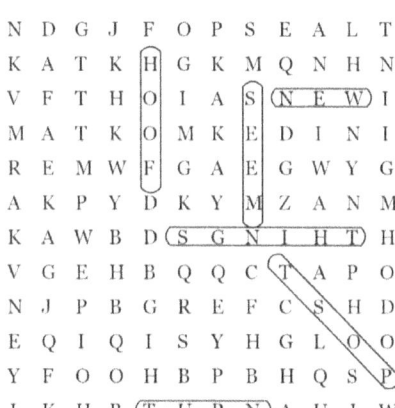

Seventy Two Solution

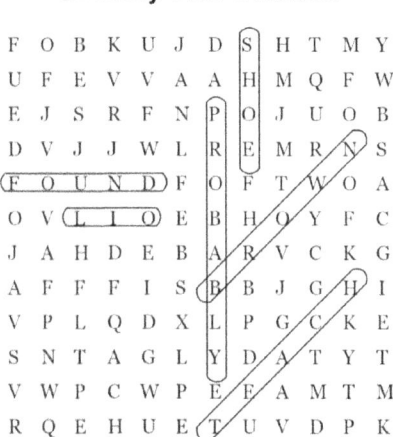

Seventy Three Solution
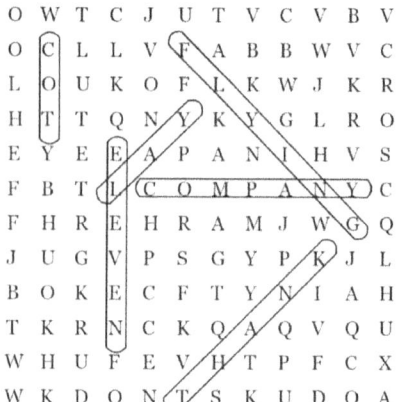

Seventy Four Solution

Seventy Five Solution
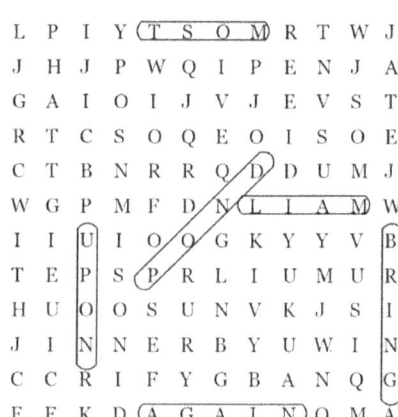

Seventy Six Solution
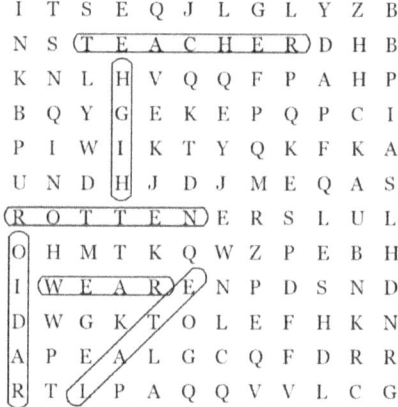

Seventy Seven Solution
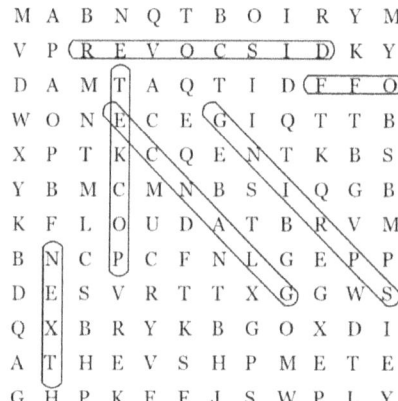

Seventy Eight Solution
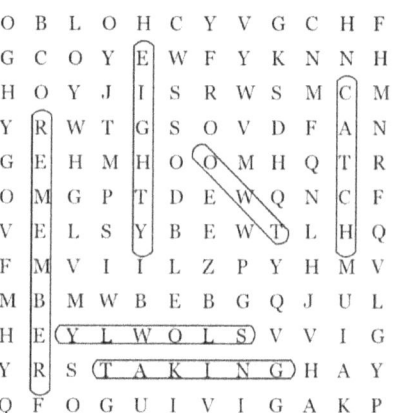

Seventy Nine Solution
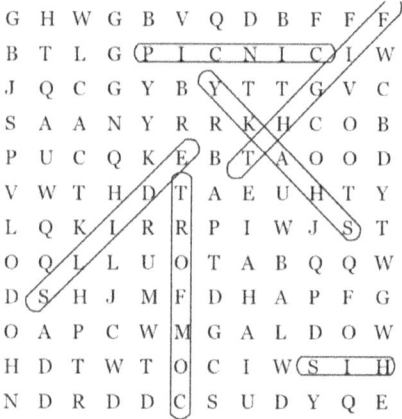

Eighty Solution
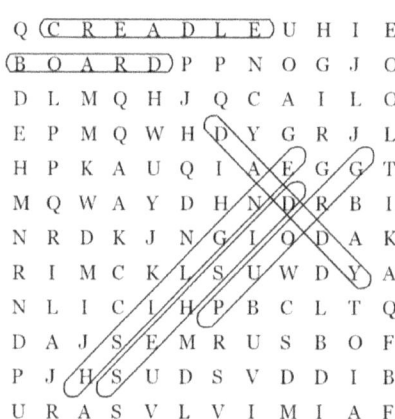

Eighty One Solution
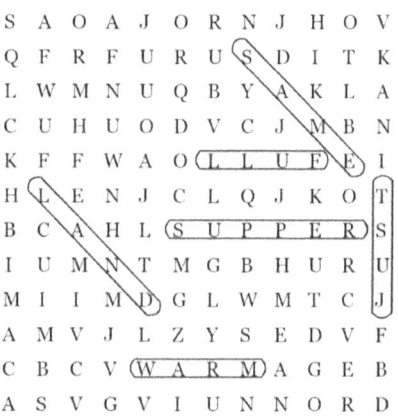

Eighty Two Solution
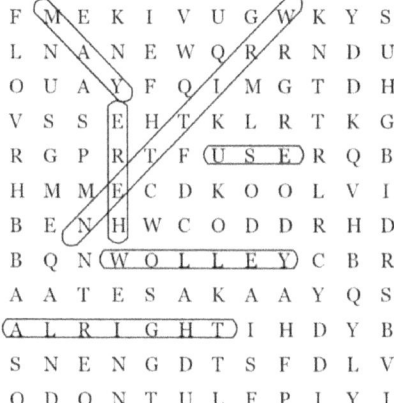

Eighty Three Solution
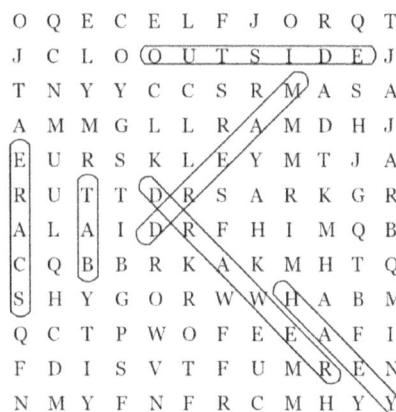

Eighty Four Solution
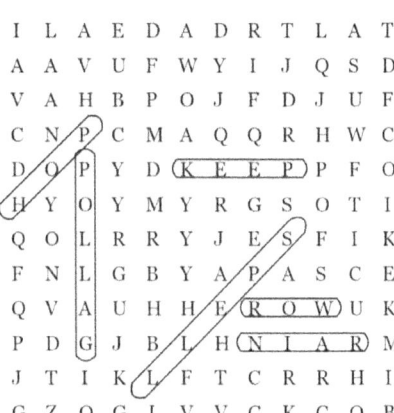

Eighty Five Solution
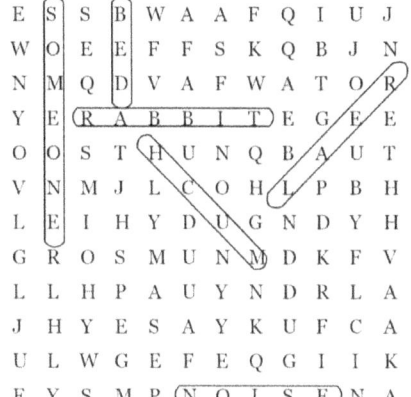

Eighty Six Solution
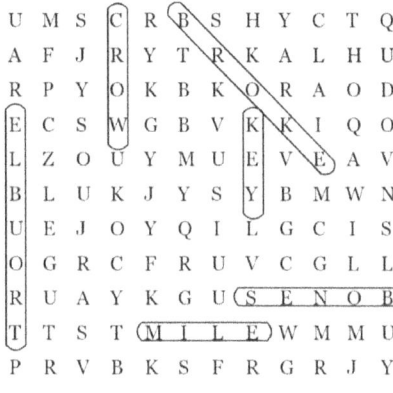

Eighty Seven Solution
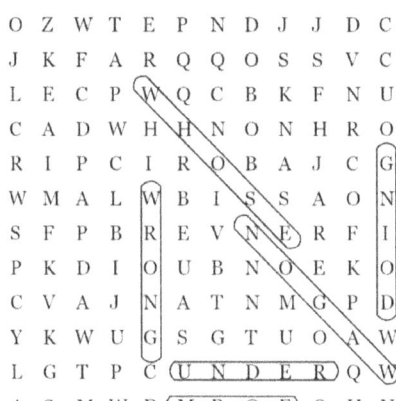

Eighty Eight Solution
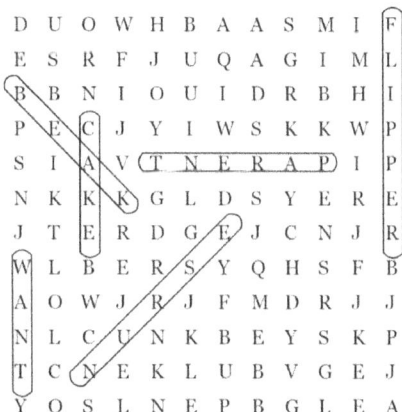

Eighty Nine Solution
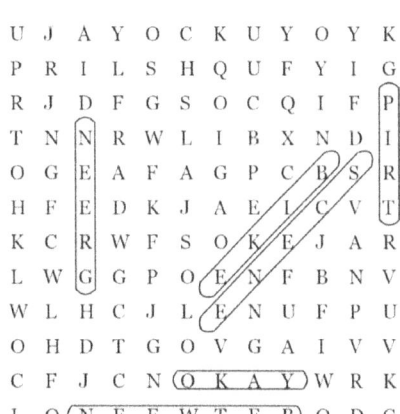

Ninety Solution
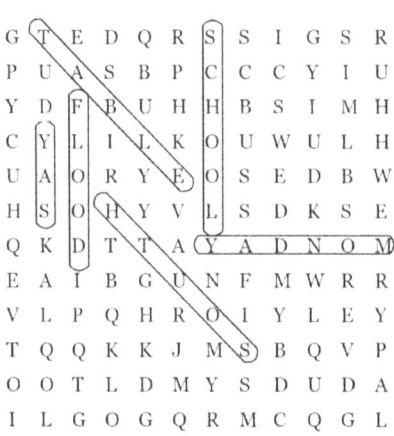

Ninety One Solution
Ninety Two Solution
Ninety Three Solution
Ninety Four Solution
Ninety Five Solution
Ninety Six Solution
Ninety Seven Solution
Ninety Eight Solution
Ninety Nine Solution

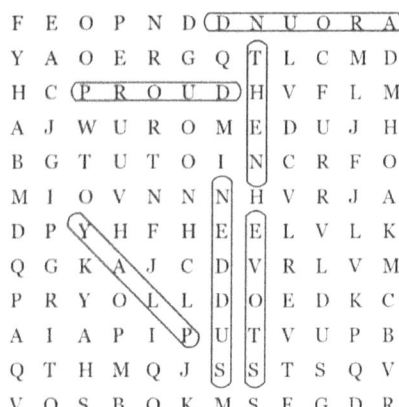
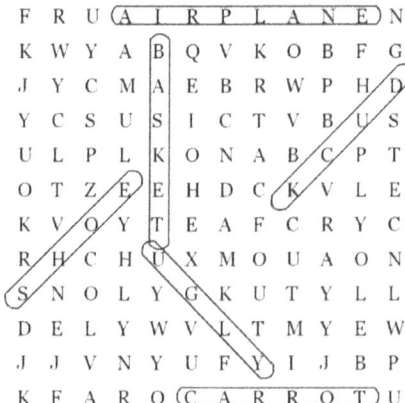
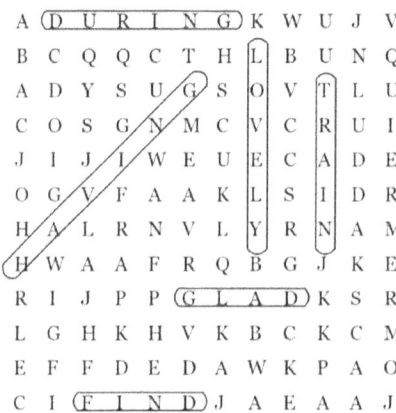
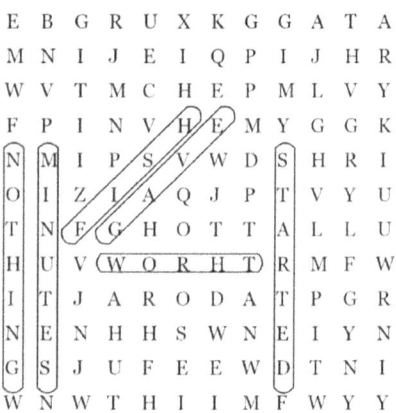
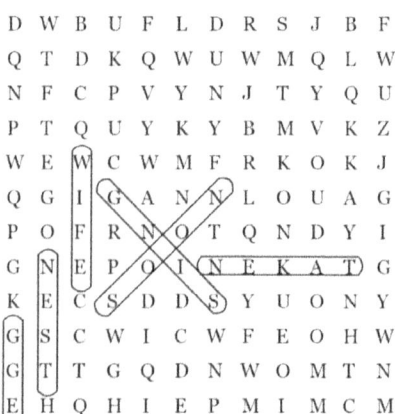
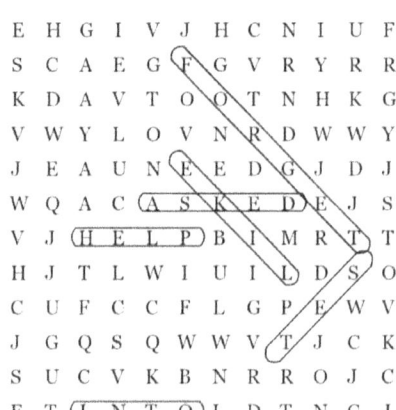
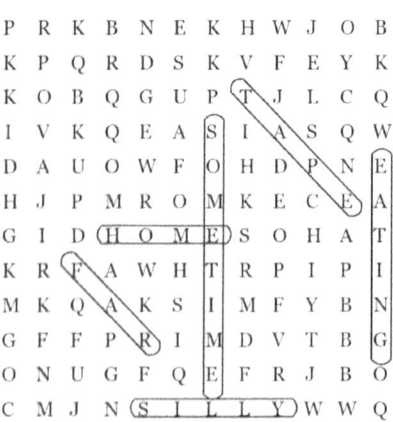

One Hundred Solution

```
J  F  C  C  P  P  D  B  S  I  F  Q
U  O  A  K  N  O  L  C  J  N  L  M
L  M  B  N  G  N  W  V  O  T  N  W
T  O  I  Q  A  Y  T  G  Q  H  O  T
P  B  N  H  L  C  L  F  M  E  G  I
Y  L  E  J  V  E  B  L  M  P  R
F  U  I  Q  L  B  M  Q  S  P  L  E
M  J  W  V  N  T  U  K  P  A  M  R
J  M  L  K  W  O  T  O  Y  Q  H  F
X  L  R  V  D  T  T  A  P  P  I  R
A  F  H  C  I  S  K  Y  C  E  V  Q
A  K  D  N  O  C  E  S  R  F  V  C
```

IF YOU ENJOYED THIS BOOK AT ALL IT WOULD MEAN THE WORLD TO US IF YOU COULD LEAVE A QUICK REVIEW! IT REALLY HELPS US OUT :)

THANK YOU IN ADVANCE

www.ingramcontent.com/pod-product-compliance
Lightning Source LLC
Chambersburg PA
CBHW081337080526
44588CB00017B/2653